A MESSIEURS LES MEMBRES

DE LA

CHAMBRE DES DEPUTÉS.

PÉTITION

Adressée par M. CRONIER à la Chambre des Députés, le 9 février 1831, pour réclamer une disposition dans la loi électorale qui établirait en principe que les préfets, les présidens et chefs des parquets des tribunaux civils et cours souveraines ne pourront être élus députés.

A MESSIEURS LES MEMBRES

DE LA

CHAMBRE DES DÉPUTÉS.

Messieurs,

J'ai l'honneur de soumettre à vos lumières une question importante, qui, déjà abordée sous divers points de vue, donne encore lieu aujourd'hui à de nombreuses controverses même parmi les meilleurs esprits; c'est sous un aspect tout-à-fait nouveau, que je vais vous exposer cette question, qui se rattache à la haute administration de l'État. Il est aujourd'hui plus temps que jamais de s'en occuper, puisqu'elle a des rapports intimes avec la loi électorale que vous allez bientôt discuter.

Il s'agit de savoir si à une époque comme la

nôtre où l'administration a un besoin si continuel des chefs qui lui sont donnés, en ce moment où le pays a tant besoin et de principes sévères en administration, et de bons administrateurs, ceux-ci, pendant des mois et des années, peuvent déserter leurs postes, abandonner les intérêts qu'ils sont appelés à gérer et à défendre, pour venir prendre part à des délibérations législatives, qui souvent sont étrangères aux travaux dont ils doivent compte à l'État.

Les hommes auxquels le gouvernement confie une partie de l'administration publique et qui, plus tard, sont élus députés, ne deviennent-ils pas pour le moins inutiles pour la localité qui les réclame et pour la Chambre dont ils font partie ?

Voilà la question réduite à sa plus simple expression.

Maintenant j'entre en discussion.

D'abord, ou les fonctions données par le gouvernement sont indispensables, ou superflues ?

Si elles sont inutiles, pourquoi grever l'État de frais ?

Si ces mêmes fonctions sont indispensables, comment est-il possible au titulaire de les remplir lorsqu'il vient dans la Chambre des députés cumuler d'autres fonctions qui, à elles seules, exigent l'emploi d'une grande partie de l'année?

Il y a donc nécessité que le fonctionnaire public, dans l'intérêt général et pour agir consciencieusement, fasse option : s'il cumule, au lieu de l'homme spécial dont l'État ou la Chambre ont besoin, on ne trouve plus qu'un homme partagé entre deux devoirs, qu'il remplit mal, parce qu'il ne peut y suffire ; c'est-à-dire que, soit comme administrateur, soit comme député, il n'est plus, dans l'une et l'autre position, qu'un homme incomplet.

Il est donc impossible de ne pas reconnaître que la localité dont l'administrateur est devenu député, perd l'homme appelé à la direction et à la défense continuelle de ses intérêts.

Quant à la Chambre, elle a un membre sur l'exactitude duquel elle ne peut même compter. Alternant entre ses fonctions comme administrateur, et ses devoirs comme député, il n'est plus au courant de rien ; il peut même interrompre des travaux précieux que la Chambre lui aurait confiés.

En dernier résultat, la Chambre en recevant comme député un fonctionnaire, est cause que l'État est mal et même dangereusement servi, en même temps qu'elle compte un membre qui ne lui est jamais d'une utilité journalière.

Je prends pour exemple un préfet, il est indispensable dans le département qui lui est confié.

En le choisissant, on a dû prendre le plus habile, le plus zélé des administrateurs. Des affaires de tous les jours, des opérations qui se renouvellent sans cesse, la tranquillité à conserver, la prospérité à étendre, réclament une assiduité non interrompue; cependant, une localité, étrangère au département que le préfet est appelé à administrer, porte à la Chambre ce préfet si utile; tout-à-coup il change de rôle : de fonctionnaire lié par le service qu'il doit rendre, le voilà chargé d'un mandat qui l'enlève au poste qui ne lui avait été confié qu'à la condition de ne jamais le quitter.

Voudra-t-on enfin entendre que l'administration en France est devenue la première de toutes les nécessités; qu'elle réclame une attention et des soins autres que ceux qui lui ont été donnés jusqu'à présent; que dans la plupart des localités, elle laisse beaucoup et même tout à désirer; que les contribuables, administrés, se fatiguent de voir avec quelle insouciance certains fonctionnaires dirigent les intérêts qu'ils sont chargés de défendre ?

Dans la gestion de nos affaires, nos administrateurs parlent beaucoup trop et n'agissent point assez : il faut moins de théorie et plus de pratique.

Pour bien administrer, le préfet même le plus habile doit être sur les lieux : il est en relation continuelle avec les autorités municipales ; il entend les avis, les réclamations des conseillers de préfecture ; des habitans ont de continuelles communications à lui faire ; les actes les plus opportuns, les discussions les plus promptes, les résolutions les plus actives ; ses visites, ses tournées dans les divers arrondissemens ; les publications du gouvernement ; les mesures que ces actes nécessitent ; des détails à l'infini, en même temps qu'un coup-d'œil toujours attaché sur l'ensemble ; tant de sollicitude, tant de responsabilités réunies, exigent une présence, une attention de tous les instans.

C'est en vain que pour le remplacer, il déléguera des pouvoirs à des conseillers ou au secrétaire-général de la préfecture ; ceux-ci ne seront toujours regardés que comme des intermédiaires sans force, parce qu'ils ne sont que provisoires. Aucune confiance ne leur sera accordée, ils n'oseront rien, même dans les cas qui réclament une décision instantanée : tout languit et se perd ; les affaires s'accumulent ; partout on se plaint, et le mécontentement ne tarde point à enfanter la désaffection pour le pouvoir. Que sera-ce si la préfecture abandonnée est voisine des frontières, ou sur un point que les habitudes, les antécédens ou les souvenirs des habitans rendent difficile pour l'administration?

Si du préfet je passe au procureur-général, que de nouveaux et de graves inconvéniens se présentent! des réquisitoires imprudens, de mauvaises directions données à certaines affaires, peuvent compromettre le pouvoir et tourmenter le pays.

Si je m'occupais des fonctionnaires publics en sous-ordre devenus députés, je signalerais des inconvéniens qui, pour être d'une autre nature, n'en doivent pas moins être évités. Dans un pays comme le nôtre et à une époque où l'administration doit être si attentive et si vigilante, et où elle produit de si heureux résultats lorsqu'elle est bien entendue, de si grands maux lorsqu'elle est mal conduite, il faut des hommes spéciaux, des hommes de conscience, qui, ne voyant que l'intérêt du pays, n'acceptent une fonction que pour s'y consacrer exclusivement.

Jamais on ne comprendra que l'homme véritablement utile soit celui qui entasse des titres et des emplois les uns sur les autres; celui-là, au contraire, est nuisible et mérite le blâme : de fonctionnaire capable tant qu'il est spécial, il devient

9

superflu et nul, sous tous les rapports, lorsqu'il veut être tant de choses à-la-fois.

La France qui paie à si grands frais son administration, n'a-t-elle pas le droit d'exiger qu'en retour, les hommes pour lesquels elle prodigue ses sueurs, songent davantage à remplir leur mission rétribuée.

En définitive, est-ce se montrer sincère ami de notre pays que de contracter deux engagemens à-la-fois lorsqu'on peut, tout au plus, en bien remplir un seul ; veut-on nous faire croire que les forces physiques et les capacités s'augmentent en raison du nombre des fonctions qu'on embrasse ?

La loi du 12 septembre 1830 qui a assujetti le député nommé fonctionnaire salarié à une réélection, a répondu sans doute à un sentiment de délicatesse et d'honneur national ; elle a voulu que le député qui, depuis son élection, avait été promu à des fonctions rétribuées qui en ont fait l'homme du pouvoir, comparût de nouveau devant ses commettans : son mandat devant être renouvelé ou anéanti, puisque sa position avait changé.

Mais cette loi, en satisfaisant une exigence légitime, en renvoyant, pour un instant, devant ses juges le député devenu fonctionnaire, n'a pas assez envisagé, à mon sens, l'intérêt administratif et, par conséquent, l'intérêt général du pays.

En effet, les électeurs d'Amiens choisissent un député qui, postérieurement, est nommé par le Roi préfet du Bas-Rhin.

Le député, par suite de sa nomination comme préfet, est renvoyé devant les électeurs d'Amiens, qui confirment la première élection parce qu'ils veulent conserver l'homme qui mérite leur confiance, et qu'ils sont, pour ainsi dire, étrangers à l'administration du Bas-Rhin.

Maintenant, de ce que le député d'Amiens n'a pas perdu la confiance de ses commettans, en résulte-t il que la population du Bas-Rhin ait un préfet qui l'administre ? Non ; et cependant le Bas-Rhin et toute la France doivent vouloir la présence active et les soins continuels d'un administrateur aussi élevé.

Remarquez encore, Messieurs, que le député d'Amiens, préfet du Bas-Rhin, passe, sans désemparer, une session à Paris ; il n'en faut pas moins que les contribuables s'épuisent d'efforts pour payer la rétribution d'un homme qui, comme administrateur, leur est inutile.

Je passe à des inconvéniens si graves, que je puis les considérer comme de véritables périls.

Une des qualités les plus indispensables au

préfet, c'est une impartialité imperturbable, dominée cependant par son attachement sincère et reconnu au système du gouvernement qui l'a choisi, qui l'a institué; il est tenu, en administrant les intérêts de son département, de concilier et de ramener les opinions; et, dans un temps comme le nôtre, de rattacher tous les esprits à ce gouvernement qui l'a choisi pour remplir aussi cette mission.

Voyez ce même homme qui monte à la tribune, comme député indépendant et consciencieux, il s'oppose à des lois que présente le pouvoir dont il est un des instrumens. Ces lois sont promulguées, et il faut qu'au bout de quelques jours, oubliant ses propres paroles, dont le monde a conservé le souvenir, il fasse exécuter ce que lui-même a repoussé; mais ce n'est pas tout. Au milieu des débats législatifs, et comme orateur, il a manifesté des opinions vives, tranchantes qui divisent et remuent : le voilà de retour dans sa préfecture, et au lieu d'y apparaître comme l'homme de la conciliation, il y vient comme l'organe exclusif d'un parti qui alors se groupe autour de lui. Comment peut-on attendre d'un tel administrateur cette impartialité qui lui est commandée, et la force qu'il lui faut pour agir quand lui-même apporte la division.

Il a été député suivant sa conscience; dans sa

position, peut-il être administrateur consciencieux, et l'état et le gouvernement peuvent-ils
compter sur lui ?

Ces considérations s'appliquent peut-être, avec
des conséquences plus étendues aux procureurs-
généraux.

En dernière analyse, qu'on consulte les localités privées des préfets, les justiciables qui voient
les membres des tribunaux et des parquets s'ab-
senter pour accourir aux Chambres, on enten-
dra partout le même concert de plaintes.

Des objections, plus spécieuses cependant
qu'elles ne sont graves, pourraient m'être oppo-
sées ; on peut dire :

1º. La loi d'élection est un statut fondamental
de l'État qui doit appeler à l'élection tous les
hommes payant le cens voulu, et qui ont l'âge
requis. Il faut que ce statut ait l'effet le plus
étendu possible ;

2º. Le fonctionnaire est utile dans la Chambre
des députés pour la discussion et le vote des lois
d'administration publique. Sa qualité de fonctionnaire fait supposer en lui des connaissances
que les députés non fonctionnaires ne peuvent
avoir ;

3º. Le gouvernement et le pouvoir dirigeant
ont besoin dans les Chambres d'appuis naturels,

et c'est parmi les hommes attachés à ce pouvoir qu'on doit particulièrement les trouver.

J'ai dit que ces objections et d'autres qu'on pourrait encore présenter, sont moins fortes que spécieuses. Je vais le prouver :

1°. C'est parce que la loi d'élection est un statut de l'État qu'elle doit d'autant plus présenter de garanties et de perfection, qu'elle ne peut être destructive de certaines parties de l'administration publique qu'elle doit au contraire consolider davantage.

Déjà, en plusieurs circonstances, on a changé les dispositions de la loi d'élection, pourquoi n'ajouterait-on pas à des dispositions rectificatives de nouvelles rectifications plus nécessaires qu'aucune autre.

La loi électorale dont vous allez vous occuper, Messieurs, renferme des restrictions, des modifications importantes; pourquoi l'exception que j'ai l'honneur de vous soumettre ne serait-elle pas admise. Vous êtes appelés pour donner plus de force aux institutions du pays, vous aurez à examiner si la mesure que je signale n'est pas une de celles qui doivent de plus en plus consolider notre avenir;

2°. La France n'est pas tellement dépourvue d'hommes capables, qu'il faille recourir, pour les travaux de la Chambre, aux fonctionnaires que le gouvernement emploie. Dans les colléges électoraux se présentent en foule des hommes aussi expérimentés, aussi utiles pour la discussion des lois, que les fonctionnaires en exercice. D'ailleurs les ministres n'ont-ils pas toujours la facilité et le droit d'invoquer les lumières et de demander des conseils et des renseignemens sur les lois qu'ils présentent, à tous les fonctionnaires placés sous leurs ordres? N'ont-ils pas encore des orateurs, des commissaires spéciaux, qui se sont préparés à l'avance, non-seulement pour soutenir les projets en eux-mêmes, mais pour faire face à toutes les questions incidentes auxquelles ils peuvent donner lieu?

3o. Quant aux appuis naturels sur lesquels le gouvernement doit compter, ce n'est plus dans les fonctionnaires rétribués qu'il les cherchera, l'opinion publique a fait justice d'un principe aussi désastreux; ces appuis découlent d'une source plus haute et plus pure. La Chambre des députés se compose en masse des hommes les plus éclairés, des hommes les plus intéressés, non seulement au maintien de l'ordre, mais encore à l'accroissement de la fortune publique. Ce sont ces hommes qui toujours appuieront le gouvernement lorsqu'il présentera des projets utiles et honorables.

Résumant toutes mes observations, je conclus à ce que, par la loi électorale qui va être examinée, les préfets, les présidens et chefs des parquets des tribunaux et cours souveraines, ne puissent cumuler leurs fonctions avec celles de députés.

Puissiez-vous, Messieurs, accueillir favorablement ce vœu.

Paris, ce 9 février 1831.

CRONIER,

Propriétaire, quai Malaquai, n°. 17,
Maire du ix°. arrondissement.

IMPRIMERIE DE PIHAN DELAFOREST, RUE DES BONS-ENFANS, N°. 34.